Jedes Jahr

Und immer wieder sinkt der Winter,
und immer wieder wird es Frühling,
und immer, immer wieder stehst du
und freust dich an dem ersten Grün,
und wenn die kleinen Veilchen blühn,
und immer wieder ist es schön
und macht es jung und macht es froh
und ob du's tausendmal gesehn:
Wenn hoch in lauen blauen Lüften
die ersten Schwalben lustig zwitschern …
immer wieder … jedes Jahr …
sag, ist das nicht wunderbar?

Cäsar Flaischlen

Carl Larsson

Das Frühlings-album

Bilder, Gedichte & Gedanken

benno

Bibliografische Information der Deutschen Nationalbibliothek
Die Deutsche Nationalbibliothek verzeichnet diese Publikation in der Deutschen Nationalbibliografie; detaillierte bibliografische Daten sind im Internet unter http://dnb.d-nb.de abrufbar.

Besuchen Sie uns im Internet:
www.st-benno.de

Gern informieren wir Sie unverbindlich und aktuell auch in unserem Newsletter zum Verlagsprogramm, zu Neuerscheinungen und Aktionen. Einfach anmelden unter www.st-benno.de.

ISBN 978-3-7462-5972-7

Zusammenstellung: Volker Bauch, Gößnitz
Umschlaggestaltung: Rungwerth Design, Düsseldorf
Titelbild: Carl Larsson, Lisbeth mit Pfingstrosen, 1908
Gesamtherstellung: Ufer Verlagsherstellung, Leipzig (A)

Inhaltsverzeichnis

März

Seele, lass das Trauern,
ob die Sonne auch noch trügt!
Schau, sogar die Bauern
regen sich und sind vergnügt.

Hermann Hesse

Die Wildgänse (20. März)

Auf dem alten eichenen Brett, das vor der Haustür lag, hüpfte ein Sperling hin und her. Kaum erblickte dieser den Jungen, da rief er auch schon: »Seht doch, Nils, der Gänsehirt! Seht den kleinen Däumling! Seht doch Nils Holgersson Däumling!«

Sogleich wendeten sich die Gänse und die Hühner nach dem Jungen um, und es entstand ein entsetzliches Geschrei: »Kikerikiki!«, krähte der Hahn. »Das geschieht ihm recht! Kikerikiki! Er hat mich am Kamme gezogen!«

»Ga, ga, ga, gag, das geschieht ihm recht!«, riefen die Hühner, und sie fuhren ohne Aufhören damit fort.

Die Gänse sammelten sich in einem Haufen, steckten die Köpfe zusammen und fragten: »Wer hat das getan? Wer hat das getan?«

Aber das Merkwürdige daran war, dass der Junge verstand, was sie sagten. Er war so verwundert darüber, dass er auf der Türschwelle stehen blieb und zuhörte. »Das kommt gewiss daher, dass ich in ein Wichtelmännchen verwandelt bin«, sagte er, »deshalb verstehe ich die Tiersprache.«

Selma Lagerlöf

Vorfrühling

Härte schwand. Auf einmal legt sich
Schonung
an der Wiesen aufgedecktes Grau.
Kleine Wasser ändern die Betonung.
Zärtlichkeiten, ungenau,

greifen nach der Erde aus dem Raum.
Wege gehen weit ins Land und zeigens.
Unvermutet siehst du seines Steigens
Ausdruck in dem leeren Baum.

Rainer Maria Rilke

Erste Frühlingsahnung

Rosa Wölkchen überm Wald
wissen noch vom Abendrot dahinter –
überwunden ist der Winter,
Frühling kommt nun bald.

Unterm Monde, silberweiß,
zwischen Wipfeln, schwarz und kraus,
flügelt eine Fledermaus
ihren ersten Kreis …

Rosa Wölkchen überm Wald
wissen noch vom Abendrot dahinter –
überwunden ist der Winter,
Frühling kommt nun bald.

Christian Morgenstern

Frühlingsblumen

Herzlich tut mich erfreuen
die fröhliche Sommerzeit,
all mein Geblüt erneuen,
der Mai in Wollust freut,
die Lerch tut sich erschwingen
mit ihrem hellen Schall,
lieblich die Vögel singen,
dazu die Nachtigall.

Der Kuckuck mit seinem Schreien
macht fröhlich jedermann,
des Abends fröhlich reihen
die Maidlein wohlgetan,
spazieren zu den Brunnen,
bekränzen sie zur Zeit,
alle Welt sich freut in Wonnen
mit Reisen fern und weit.

Achim von Arnim

Ich lieb' eine Blume

Ich lieb' eine Blume, doch weiß ich nicht welche;
das macht mir Schmerz.
Ich schau' in alle Blumenkelche
und such' ein Herz.

Es duften die Blumen im Abendscheine,
die Nachtigall schlägt.
Ich such' ein Herz, so schön wie das meine,
so schön bewegt.

Die Nachtigall schlägt, und ich verstehe
den süßen Gesang;
uns beiden ist so bang und wehe,
so weh' und bang.

Heinrich Heine

April

Nun mache deine Augen klar
und hege Lust im Herzen;
der dich noch trog im Märzen,
der liebe Frühling wird nun wahr.

Hermann Hesse

Osterspaziergang

Vom Eise befreit sind Strom und Bäche
durch des Frühlings holden, belebenden Blick;
im Tale grünet Hoffnungsglück;
der alte Winter, in seiner Schwäche,
zog sich in rauhe Berge zurück.
Von dort her sendet er, fliehend, nur
ohnmächtige Schauer körnigen Eises
in Streifen über die grünende Flur;
aber die Sonne duldet kein Weißes,
überall regt sich Bildung und Streben,

alles will sie mit Farben beleben;
doch an Blumen fehlt's im Revier,
sie nimmt geputzte Menschen dafür.
Kehre dich um, von diesen Höhen
nach der Stadt zurückzusehen.
Aus dem hohlen finstern Tor
dringt ein buntes Gewimmel hervor.
Jeder sonnt sich heute so gern.
Sie feiern die Auferstehung des Herrn,
denn sie sind selber auferstanden,
aus niedriger Häuser dumpfen Gemächern,
aus Handwerks- und Gewerbesbanden,
aus dem Druck von Giebeln und Dächern,
aus der Straßen quetschender Enge,
aus der Kirchen ehrwürdiger Nacht
sind sie alle ans Licht gebracht.
Sieh nur, sieh, wie behend sich die Menge
durch die Gärten und Felder zerschlägt,
wie der Fluss in Breit' und Länge
so manchen lustigen Nachen bewegt,
und bis zum Sinken überladen
entfernt sich dieser letzte Kahn.
Selbst von des Berges fernen Pfaden
blinken uns farbige Kleider an.
Ich höre schon des Dorfs Getümmel,
hier ist des Volkes wahrer Himmel,
zufrieden jauchzet Groß und Klein:
Hier bin ich Mensch, hier darf ich's sein!

Johann Wolfgang von Goethe

Frühling der Seele

Blumen, blau und weiß verstreut,
streben heiter auf im Grund.
Silbern webt die Abendstund,
laue Öde, Einsamkeit.

Leben blüht nun voll Gefahr,
süße Ruh um Kreuz und Grab.
Eine Glocke läutet ab.
Alles scheinet wunderbar.

Saftig grünen Brot und Wein,
Orgel tönt voll Wunderkraft;
und um Kreuz und Leidenschaft
glänzt ein geisterhafter Schein.

O! Wie schön sind diese Tag',
Kinder durch die Dämmerung gehn;
blauer schon die Winde wehn.
Ferne spottet Drosselschlag.

Georg Trakl

Gang im Frühling

Jetzt stehen wieder die kleinen klaren Tränen an den harzigen Blattknospen, und erste Pfauenaugen tun im Sonnenlicht ihr edles Samtkleid auf und zu, die Knaben spielen mit Kreiseln und Steinkugeln. Die Karwoche ist da, voll und übervoll von Klängen und beladen mit Erinnerungen an grelle Ostereierfarben, an Jesus im Garten Getsemani, an Jesus auf Golgata, an die Matthäuspassion, an frühe Begeisterungen, erste Verliebtheiten, erste Jünglingsmelancholien. Anemonen nicken im Moos, Butterblumen glänzen fett am Rand der Wiesenbäche.

Einsamer Wanderer, unterscheide ich nicht zwischen den Trieben und Zwängen meines Innern und dem Konzert des Wachstums, das mich mit tausend Stimmen von außen umgibt.

Ich komme aus der Stadt, ich bin nach sehr langer Zeit wieder einmal unter Menschen gewesen, in einer Eisenbahn gesessen, habe Bilder und Plastiken gesehen, habe wunderbare neue Lieder von Othmar Schoeck gehört. Jetzt weht der frohe leichte Wind mir übers Gesicht, wie er über die nickenden Anemonen weht, und indem er Schwärme von Erinnerungen in mir aufweht wie Staubwirbel, klingt mir Mahnung an Schmerz und Vergänglichkeit aus dem Blut ins Bewusstsein. Stein am Weg, du bist stärker als ich! Baum in der Wiese, du wirst mich überdauern, und vielleicht sogar du, kleiner Himbeerstrauch, und vielleicht sogar die rosig behauchte Anemone.

Einen Atemzug lang spüre ich, tiefer als je, die Flüchtigkeit meiner Form und fühle mich hinübergezogen zur Verwandlung, zum Stein, zur Erde, zum Himbeerstrauch, zur Baumwurzel. An die Zeichen des Vergehens klammert sich mein Durst, an Erde und Wasser und verwelktes Laub. Morgen, übermorgen, bald, bald bin ich du, bin ich Laub, bin ich Erde, bin ich Wurzel, schreibe nicht mehr Worte auf Papier, rieche nicht mehr am prächtigen Goldlack, trage nicht mehr die Rechnung des Zahnarztes in der Tasche, werde nicht mehr von gefährlichen Beamten um den Heimatschein gequält, schwimme, Wolke im Blau, fließe, Welle im Bach, knospe, Blatt am Strauch, bin in Vergessen, bin in tausendmal ersehnte Wandlung getaucht.
Zehnmal und hundertmal noch wirst du mich wieder einfangen, bezaubern und einkerkern, Welt der Worte, Welt der Meinungen, Welt der Menschen, Welt der gesteigerten Lust und der fiebernden Angst. Tausendmal wirst du mich entzücken und erschrecken, mit Liedern, am Flügel gesungen, mit Zeitungen, mit Telegrammen, mit Todesnachrichten, mit Anmeldeformularen und all deinem tollen Kram, du Welt voll Lust und Angst, holde Oper voll melodischen Unsinns! Aber niemals mehr, gebe es Gott, wirst du mir ganz verloren gehen, Andacht der Vergänglichkeit, Passionsmusik der Wandlung, Bereitschaft zum Sterben, Wille zur Wiedergeburt. Immer wird Ostern wiederkehren, immer wieder wird Lust zu Angst, Angst zu Erlösung werden, wird ohne Trauer mich das Lied der Vergänglichkeit auf meinen Wegen begleiten, voll Ja, voll Bereitschaft, voll Hoffnung.

Hermann Hesse

C. L.
Sundborn 1899.

Blumenkinder

Die Blumen sind eigentlich eine Geburt des lieblichen Frühlings und gleichsam wie der Himmel mit den schimmernden Sternen prangt, so nicht weniger ziert sich der Erdboden mit den vielfarbigen Blumen. Daher das menschliche Auge fast keine bessere Weid haben kann als in Ansehung der unterschiedlichen Blumen. Da verliebt sich die Jungfrau in die Lilie, ein Weinschlauch in die Märzenbecher, ein Geizhals in die Goldblumen, ein Verliebter in die Tausendschönchen, ein Frommer in die Passionsblume, die von den Spaniern Granadila genannt wird, und ein Ehrfürchtiger in eine Königskerze.

Abraham a Sancta Clara

Frühling

Die Fenster auf, die Herzen auf!
Geschwinde! Geschwinde!
Der alte Winter will heraus,
er trippelt ängstlich durch das Haus,
er windet bang' sich in der Brust
und kramt zusammen seinen Wust,
geschwinde, geschwinde.

Die Fenster auf, die Herzen auf!
Geschwinde! Geschwinde!
Er spürt den Frühling vor dem Tor.
Der will ihn zupfen bei dem Ohr,
ihn zausen an dem weißen Bart
nach solcher wilden Buben Art,
geschwinde, geschwinde.

Die Fenster auf, die Herzen auf!
Geschwinde! Geschwinde!
Der Frühling pocht und klopft ja schon –
horcht, horcht, es ist ein lieber Ton!
Er pocht und klopfet, was er kann,
mit kleinen Blumenknospen an,
geschwinde, geschwinde.

Wilhelm Müller

Frühling übers Jahr

Das Bett, schon lockert
sich's in die Höh',
da wanken Glöckchen
so weiß wie Schnee;
Safran entfaltet
gewalt'ge Glut,
smaragden keimt es
und keimt wie Blut.
Primeln stolzieren
so naseweis,
schalkhafte Veilchen,
versteckt mit Fleiß;
Was auch noch alles
da regt und webt,
genug, der Frühling,
er wirkt und lebt.

Johann Wolfgang von Goethe

Mai

Jüngling, fühle in der Brust
Minneleid und Minnelust,
aber glaube nicht zu haben
mehr Gefühl als andre Knaben!

Hermann Hesse

Hab Sonne im Herzen

Hab Sonne im Herzen,
ob's stürmt oder schneit,
ob der Himmel voll Wolken,
die Erde voll Streit ...,
hab Sonne im Herzen,
dann komme, was mag:
Dann leuchtet voll Licht dir
der dunkelste Tag!

Hab ein Lied auf den Lippen,
mit fröhlichem Klang,
und macht auch des Alltags
Gedränge dich bang ...,
hab ein Lied auf den Lippen,
dann komme, was mag:
Das hilft dir verwinden
den einsamsten Tag!

Hab ein Wort auch für andre
in Sorg und in Pein
und sag, was dich selber
so frohgemut lässt sein:
Hab ein Lied auf den Lippen,
verlier nie den Mut,
hab Sonne im Herzen,
und alles wird gut!

Cäsar Flaischlen

Gefunden

Ich ging im Walde
so für mich hin,
und nichts zu suchen,
das war mein Sinn.

Im Schatten sah ich
ein Blümchen stehn,
wie Sterne leuchtend,
wie Äuglein schön.

Ich wollt es brechen,
da sagt' es fein:
»Soll ich zum Welken
gebrochen sein?«

Ich grub's mit allen
den Würzlein aus.
Zum Garten trug ich's
am hübschen Haus.

Und pflanzt es wieder
am stillen Ort;
nun zweigt es immer
und blüht so fort.

Johann Wolfgang von Goethe

Die Boten des Frühlings

Wenn nun der Frühling seine Boten sendet, die Lerchen und die Quellen und die Blumen, und wenn die warmen Wolken fliegen und die Knospen brechen und nachts die Nachtigallen unter den Sternen ziehen und die Nächte gehen und die Tage kommen und zarte Herzen wonnig weinen und sich sehnen und die Nachtigallen in die Tränen schlagen und die Freuden weinen und die Schmerzen lächeln und weiße Blüten durch den blauen Himmel weben und auf Blumen niederflattern und blau und warm der Himmel ist und grün und warm die Erde und das Leben glänzt wie eine Sonne und das Sterben schimmert wie ein Mond: So glaubt der Mensch, nun komme der Lenz. Aber schon vorübergeflattert ist er, und der fliegende Gott ist den süßbetränten Augen entschwunden, noch ehe sie sich abgetrocknet; und die Menschen sehen umher und hoffen wieder auf den Frühling.

Jean Paul

Keine schönere Freuden

Ach, ich weiß nichts bessere, ich weiß keine schönere Freuden als die jener ersten Frühlinge, keine innigere Sehnsucht als die nach dem Aufblühen meiner Blumenknospen, keinen heißeren Durst, als der mich befiel, wenn ich mitten in der schönen blühenden Natur stand, und alles voll üppigem Gedeihen um mich her.

Nichts hat freundlicher und mitleidiger mich berührt als die Sonnenstrahlen des jungen Jahr's, und wenn DU eifersüchtig sein könntest, so wär' es nur auf diese Zeit, denn wahrlich, ich sehne mich wieder dahin.

Bettina von Arnim

Die Bilder im Buch:

S. 2: Selbstbildnis, 1907
S. 6/7: Der Sämann, 190
S. 8: Das Gartentor, 1897
S. 10/11: Eggen, undatiert
S. 13: Die Meinen, 1892
S. 14/15: Das Blumenfenster, 1909/10
S. 17: Lillanna und die Krokusse, 1912
S. 18/19: Frühstück unter der großen Birke, 1896
S. 20: In der Kirche von Sundborn, undatiert
S. 22/23: In der Kirche von Sundborn, 1905
S. 25: Apfelblüte, 1894
S. 27: Eine Fee, 1899
S. 28/29: Interieur mit Kaktus, 1914
S. 30: Rosalind, 1911
S. 33: Lisbeth mit Pfingstrosen, 1908
S. 34/35: Spätsommer, 1908
S. 37: Kerstins Geburtstag, 1909
S. 38: Schläfchen im Grünen, 1897
S. 40/41: Unter dem Kastanienbaum, 1912
S. 42/43: Der Schwiegersohn singt, 1912
S. 44/45: Die Veranda, 1896/97
S. 46: Brita und ich, 1895

Textnachweis

S. 7, 19, 35: März, April, Mai, aus: Hermann Hesse, Gesammelte Werke in 20 Bänden, Band 10, Die Gedichte, bearb. von Peter Huber © 2002 Suhrkamp Verlag.
S. 24: Gang im Frühling, aus: Hermann Hesse, Gesammelte Werke in 20 Bänden, Band 13, Betrachtungen und Berichte 1899–1926 © 2003 Suhrkamp Verlag.